Gerhard Vilmar

Ein See geht baden

Streitschrift einer Bürgerinitiative

Inhalt

Vorwort

Ein See wie viele.
Gerade noch zum Baden geeignet – aber unappetitlich!
Immer wieder schlierige Algenteppiche, Schaumberge am Ufer, bei
Regen grünlich-braune Bachzuläufe.

Wir wollten nicht weiter darüber hinwegsehen und uns still vor uns
hin ärgern. Darum halten Sie dieses Büchlein in Händen. Weil aus
Ärger Aktivität wurde. Weil wir uns einmischen - auch wenn das
nicht erwünscht ist.

Es ist nicht nur dieser See. In seinem schlechten Zustand verdichten
sich viele ungelöste Themen: Klimawandel, Umweltschutz,
Landwirtschaft, Tierwohl, Artensterben, …

Es ist eine Bestandsaufnahme nach einigen Monaten Bürgerinitiative,
ein Informations- und Positionspapier - mit vielen offenen Fragen.
Nach bestem Wissen und Gewissen recherchiert, aber unvollständig
und sicherlich nicht ohne Fehler.

Mischt euch ein, empört euch! ruft uns allen der 94-jährige Ausnahme-
diplomat Stéphane Hessel zu.
Denn Betroffenheit ersetzt keine Taten.

Mit besten Grüßen
    Ihr Gerhard Vilmar
    und die Aktionsgruppe sauberer Simssee

Der See

In Schillers „Wilhelm Tell" hatte der See 1804 noch gut Lachen.
Auch der Simssee dürfte damals wunderbar gewesen sein: von
mäandernden, sprudelnden Bächen mit glasklarem Wasser versorgt.
Aber schon in den 60er Jahren des letzten Jahrhunderts wurde er
wegen der braunen Färbung Coca-Cola-See genannt.

In der Würm-Eiszeit schürfte der Inn-Gletscher ein Becken aus. Als
der Gletscher abschmolz, füllte sich dieses Becken mit Wasser. Es
entstand der Rosenheimer See; mit 420 km² fast so groß wie der
Bodensee. Vor 12.000 Jahren schnitt sich der Inn durch die
Endmoräne bei Wasserburg und der Rosenheimer See entleerte sich.
Übrig blieben große Moorgebiete zwischen Raubling und Bad
Aibling sowie ein paar Wasserstellen, u.a. der Simssee - ein
„Verlandungsgewässer im Endstadium". In 10.000 Jahren wird es
ihn nicht mehr geben.

Der Simssee hat eine Oberfläche von 6,5 km². Er ist relativ flach, mit
einer maximalen Tiefe von 22 m. Das Einzugsgebiet von ca. 75 km²
reicht von Bad Endorf im Norden bis nach Frasdorf und
Stephanskirchen im Süden. Meist fällt die Fläche zum See hin ab.
Die Höhendifferenz beträgt bis zu 220 m. Gemessen an seiner
Größe ist der Zufluss von „Frischwasser" durch die Bäche gering.
Und die immer häufiger auftretenden Starkregen fördern die
Bodenerosion und den Nährstoffeintrag von den Feldern und
Wiesen, so dass die für den See verkraftbare Phosphatlast deutlich
überschritten wird. Die weltweite Klimaveränderung hat noch einen
weiteren Effekt: die Erwärmung des Wassers. Besonders in den
Sommermonaten ist der Sauerstoffgehalt im Simssee nicht mehr
ausreichend – den Renken geht die Luft aus.

Schon 5 Meter unterhalb der Wasseroberfläche gibt es fast keinen Bewuchs mehr, da wegen der Schwebteilchen (Phytoplankton) kein Licht mehr durchdringt. Ab 8 Metern Tiefe ist der Simssee ohne Sauerstoff, was dazu führt, dass im Sediment gebundenes Phosphat wieder freigesetzt wird. Dem See ist das Lächeln vergangen.

Die Hälfte des Einzugsgebiets rund um den Simssee ist landwirtschaftliche Nutzfläche. Bei Regen fließt das Wasser, das vom Boden nicht mehr aufgenommen werden kann, von den Wiesen, Feldern und Straßen über Gräben, Gullys und Bachläufe ungeklärt in den Simssee. Damit werden bei ungünstiger Konstellation auch Ackerboden, Düngemittel oder Gülle in den Simssee verfrachtet.

Das Abwasser der Häuser geht über die Ringkanalisation in die Kläranlage, die Nährstoffe aus dem häuslichen Bereich sind damit seit den 80er Jahren vom See ferngehalten und der jährliche Phosphateintrag vom See ist in den letzten 3 Jahrzehnten von etwa 8 auf 3,5 Tonnen im Jahr gesunken. Die Straßen werden bei Regen über Straßengullys entwässert. So ist der Simssee Auffangbecken für den Abrieb von Reifen, Bremsbelägen, Straßen sowie Auftausalze.

Das Wasserwirtschaftsamt Rosenheim bestätigt, dass die Wasserqualität des Simssees im Vergleich zu früher besser geworden ist. Doch der See hat aktuell nur die Note 3 = mäßig. Die EU-Wasserrahmenrichtlinien fordern für alle Oberflächengewässer bis 2027 eine Verbesserung auf eine gute Qualität (Note 2). Sonst drohen drastische Geldstrafen. Aber Experten sagen schon jetzt, dass dieses Ziel nicht erreicht werden kann!

Für den Simssee ist eine Verringerung der Phosphatlast auf ca. 2,5 Tonnen jährlich nötig, da sich ansonsten der Zustand eher verschlechtern wird. Von wirklich durchgreifenden, nachhaltigen und zeitnahen Anstrengungen zur Verbesserung der Wasserqualität ist aktuell wenig zu spüren. Die Krise wird verwaltet.

Wir sehen die Symptome, nicht die Krankheit

Zwei Aspekte lassen sich nicht verändern:

1   die topographische Situation der Moränenlandschaft
2   der geringe Zufluss/Wasseraustausch

Alles andere können wir beeinflussen, die Flächenversiegelung und Bebauung im Einzugsgebiet, den Straßenbau mit den Ableitungen und die Abflussmenge des Regens von den Wiesen und Feldern; sogar den Klimawandel mit der zunehmenden Erwärmung des Wassers und häufigen Starkregen. Und die Landwirtschaft, die trotz aller freiwilligen Maßnahmen immer noch zu einem zu großen Nährstoffeintrag in die Seen und Flüsse führt. In Europa stellt die Landwirtschaftspraxis heute das größte Umweltproblem dar.

Die schlechte Wasserqualität vieler Oberflächengewässer ist ein Symptom. Der „Krankheitsherd" liegt in Brüssel, Berlin und München. Dort wo die Landwirtschaftspolitik gemacht wird.

- Fast täglich lesen, hören oder sehen wir Berichte über eine Landwirtschaft, die immer monotoner wird;
- eine Landwirtschaft, die Gebärmaschinen fördert statt sich am Tierwohl zu orientieren;
- eine Landwirtschaftspolitik, die zu Agrarfabriken und Bauernsterben führt;
- eine Landwirtschaftspolitik, die vielen Bauern für ihre verantwortungsvolle und schwere Arbeit kein angemessenes Einkommen sichert.

Der Erlös für Milch und Fleisch ist nicht nur lächerlich, er
ist den Landwirten und den Tieren gegenüber eine Schande!
- Das Einkommen aus dem Verkauf von Milch und Fleisch
ist nicht auskömmlich und führt zu immer größeren
Produktionsmengen, um wirtschaftlich überleben zu
können.

Bei den aktuellen Fleischpreisen und einer nicht konsequenten
Tierwohl-Kennzeichnung kann nahezu jeder seinen jährlichen
Durchschnittsverbrauch von 70 kg Fleisch (!) ohne irgendwelche
weiteren Anstöße zum Nachdenken konsumieren - und fördert
damit die Brandrodung der Regenwälder, das Abschmelzen der
Polkappen, den Wasserverbrauch, ...

Ökologische Landwirtschaft beinhaltet Umweltschutz und Tierwohl.
Aber dieses Thema ist noch zu wenig in den Köpfen der
Konsumenten verankert. Die Nachfrage nach Bioprodukten zeigt *„in
mehrfacher Hinsicht ein sehr langsames Marktwachstum.“*
<www.umweltbundesamt.de>

*Vier große Handelsketten in Deutschland beherrschen 85 Prozent des Markts.
Die Landwirte stehen ganz unten in der Lebensmittelkette - nach der
verarbeitenden Industrie und dem stark konzentrierten Lebensmitteleinzelhandel,
der die Bedingungen diktiert.*
<https://www.tagesschau.de/inland/utp-richtlinie-kabinett-101.html>

Drei der fünf reichsten Menschen in Deutschland haben ihr
Vermögen mit dem Lebensmittelhandel gemacht. Und die
Finanzmärkte diktieren die Entwicklung.
Die Gewinnmargen des Handels und das Kaufverhalten der
Verbraucher bestimmen das Produkt! Und das sind hauptsächlich
Billigfleisch und Importe aus Billiglohnländern bei den Diskountern.

Aber unsere Ernährung kommt nicht aus dem 3D-Drucker, sondern muss gesät, gepflegt, gewässert und geerntet werden. Die Kirschen wachsen nicht in Plastiktüten, sondern müssen von Hand gepflückt werden. Hinter jedem Billigprodukt steht am Ende der Preiskette ein Mensch, der zu wenig verdient. Unsere Nahrung wird subventioniert damit wir sie uns leisten können, wir bezahlen nicht den wirklichen Preis.

Das bayerische Qualitätssiegel „Qualität aus Bayern" erlaubt die Verfütterung von Gensoja aus Übersee! Die Folgen für die Länder sind u.a. Umweltprobleme und soziale Konflikte. Und weltweit eine Veränderung des Weltklimas.

Noch ein Wort zur Vermarktung heimischer Produkte:
Es gibt z.B. die Ökomodellregion Waginger See, es gibt den Marktplatz der ökologischen Vielfalt in Stephanskirchen, es gibt die Marktschwärmer und vieles mehr.
Und auf der anderen Seite steht die Volksverdummung, wenn eine (fertig abgepackte!) Wurstplatte im Supermarkt als „regional" verkauft wird, aber eine Strecke von 470 km hinter sich hat.

Lösungsansätze?
- mehr Biolandbau, der weniger Treibhausgase erzeugt;
- auskömmliche Preise für nachhaltige Lebensmittel.
- Regionalisierung der Nahrungsmittelerzeugung;
- verringerter Fleischkonsum;
- Reduzierung der Lebensmittelabfälle.

Vom großen Wahnsinn:

In der (natürlich auch subventionierten) Schweinemast kommt ein
Teil des Futters aus (abgeholzten Regenwaldflächen Südamerikas
und manche Fleischteile werden nach China exportiert. Aber die
Gülle bleibt in Deutschland.
Und in den noch unberührten Regenwäldern dieser Welt leben ca.
850.000 gefährliche Virusarten, die bei uns die nächste Pandemie
auslösen können.

*Mit subventioniertem Milchpulver aus Europa lässt sich in Kamerun Joghurt
kostengünstiger herstellen, als auf Basis von einheimischer Milch. Damit wird die
lokale Milchwirtschaft zerstört.*
*Nach Ghana wurden Hähnchenteile wie zum Beispiel Hühnerflügel aus der EU
zu Dumpingpreisen exportiert. Diese Billigkonkurrenz macht die lokale
Hühnerzucht kaputt.*
<https://www.change.org>

Selbstbetrug als Dauerlösung

Alles kostet was, auch das Klima. In der ganzen Produktkette - über Hersteller, Handel, Verbraucher - sollten alle zur Kasse gebeten werden und alle Kosten mit dem Produkt bezahlt. Ein Mindestpreis erscheint sinnvoller als eine Subventionierung über Steuergelder.

Warum können es sich Menschen in einem der reichsten Länder der Welt nicht leisten so zu essen, dass Natur und Tier nachhaltig behandelt werden?
(Maja Göpel)

Der Tierwohlgedanke von Frau Klöckner endet in der Lächerlichkeit, wenn Sie den Anspruch der Hunde auf zweimal tägliches Gassigehen formuliert. Wie gut, dass Tiere schweigen müssen: die Küken vor dem Schreddern, die Hühner in den Legebatterien, die Ferkel bei der Kastration, die Gebärmaschinen-Sauen in ihren Kastenständen, die Rinder auf den Spaltenböden.

Wir essen Fleisch, fahren Auto, fliegen in den Urlaub. Und von jedem von uns fallen jährlich 227,5 kg Verpackungsmüll an – rund 38 kg davon sind Kunststoffabfälle, von denen 15% exportiert werden! Wir können nicht leben ohne Schäden anzurichten. Aber wir können das deutlich verringern – oder der nächsten Generation einen kaputten Planeten übergeben.

Aber Politik, die Verzicht fordert, ist nicht einfach durchzusetzen. Doch Schwierigkeiten sind kein Argument für Untätigkeit. Nach wie vor werden die ökologischen Folgen offenbar lieber in die nachfolgenden Generationen verlagert.

An Einsicht kann man zwar appellieren, aber sie setzt voraus,
-	dass jemand nachdenken will,
-	dass jemand nachdenken kann,
-	dass das Handeln entsprechend der Erkenntnisse geändert wird, und
-	auf der Basis von Beziehungsfähigkeit Verzicht geleistet wird, und
-	dass die Politik entsprechende Rahmenbedingungen schafft.

Fleisch ist nichts wert, Tiere sind nichts wert, die Natur ist nichts wert, sie wird verramscht. Eine Rücksichtslosigkeit und Ausbeutung, die nur auf den schnellen Zugewinn schaut.

Hierzu Entwicklungshilfeminister Gerd Müller im Handelsblatt am 23.9.2020:
Wir können nicht immer die Reichen reicher machen auf Kosten der Armen. Ein Großteil unseres Wohlstands basiert auf Auslagerung der Produktion, Ausbeutung, Sklavenlöhnen, Raubbau an Mensch und Natur. Das muss ein Ende haben.
Als Konsequenz hat er ein Umlenken der Finanzströme im Sinn:
Zehn Jahre lang Investitionen von je zehn Milliarden Euro würden reichen, um Afrika zum Selbstversorger zu machen. Die Mittel sind da: Weltweit werden jedes Jahr 1700 Milliarden in Rüstung investiert, aber nur 170 Milliarden in Entwicklung….
Es gibt in Deutschland kein Handy, keinen Computer und kein Auto ohne Rohstoffe aus Afrika. Den Klimaschock haben wir Industrienationen ausgelöst, nicht Kenianer oder Äthiopier. Also haben wir auch eine Verpflichtung zu Hilfe und Kooperation. Entweder wir retten diesen Planeten gemeinsam – oder wir führen ihn an den Rand der Apokalypse.

Die Bürgerinitiative als Bürokratiebeschleuniger

Ärger ist der Bewegung Anfang.
Ende Juni 2020 kam es zu einem ersten Treffen und daraus entstand die „Aktionsgruppe sauberer Simssee". Anlass war die für alle wahrnehmbar schlechte Wasserqualität.
Der Simssee ist zwar laut Gesundheitsamt zum Baden unbedenklich, aber der See lädt meist nicht mehr zum Baden ein. Einige Schwimmer berichten sogar von juckenden Ausschlägen und geschwollenen Schleimhäuten.

In einer Zeit, in der Ressourcen systematisch zerstört werden, wird Widerstand zur Pflicht. Die Landschaft ist kein Grabbeltisch!
Der Simssee kann nicht für sich selbst sprechen. Er kann keine Artikel schreiben, keine Petitionen verfassen, nicht an Fachgesprächen teilnehmen, keine Interviews fürs Fernsehen geben.
Unsere Bürgerinitiative versucht, dem See eine Stimme zu geben.

Wir sind ein Kristallisationspunkt in der Bevölkerung, eine Gruppierung gegen die Unzulänglichkeiten und Langsamkeit einer verwalteten Welt. Wir versuchen all das zu sein, was wir bei den Entscheidungsträgern vermissen: schnell, kreativ, flexibel, mutig, bunt, beharrlich und unkonventionell. Und wir bleiben provokant, auch wenn uns manchmal das entsprechende Fachwissen fehlt.
Denn unsere Aufgabe ist es nicht, Experten zu sein. Wir wollen den Experten, Behörden, der Gesellschaft und Politik den problematischen Zustand des Sees so lange aufzeigen, bis nachhaltige Änderungen erkennbar sind.
Wir verstehen uns als Bürokratiebeschleuniger.

Zwei Monate lang haben wir „Ärger" gemacht. Dann endlich gab es einen langen Zeitungsartikel, in dem viele Entscheidungsträger sagten, dass etwas geschehen muss.

In Kooperation mit einigen Gemeinderäten der umliegenden Gemeinden, Kreisräten, Vertretern unterschiedlicher Parteien und ökologischen Verbände sammeln wir Informationen und suchen nach Lösungsmöglichkeiten. Die Teilnahme an den regelmäßigen Treffen ist für jeden Interessierten möglich, unabhängig von seiner Meinung oder seinem Vorwissen. Wir suchen das Gespräch, denn häufig besteht ein Wissensdefizit - bei uns und bei den anderen!

Wir ziehen eigene Wasserproben, dokumentieren mit Fotos, informieren kontinuierlich die Medien, arbeiten mit Flyern, Plakaten und demnächst mit Unterschriftenaktionen und Präsenz in den sozialen Netzwerken. Und wir werden, sollten keine überzeugenden Maßnahmen erfolgen, auch die Möglichkeit des Bürgerantrags und anderer juristischer Wege nutzen.

Wir versuchen Änderungen zu initiieren, Verbesserungsvorschläge zu formulieren, auf Missstände aufmerksam zu machen. Nicht zu viel, nicht zu wenig. Das Thema muss dauerhaft simmern, denn wir wollen Bahnungen in den Köpfen der Entscheidungsträger schaffen, damit sie sich nicht mehr mit Lippenbekenntnissen vorbeilavieren können. Wir arbeiten wider Schläfrigkeit und Scheuklappen. Wir lassen die Wirklichkeit nicht in Ruhe.

Wir kämpfen für den See - nicht gegen die Landwirte!
Doch viele Landwirte ärgern sich über die Bürgerinitiative – das war nicht anders zu erwarten. Sie werfen uns *„blinden Aktionismus … fehlendes Wissen … mangelhafte Recherche"* vor.

Expertensuche und Wissenszuwachs

Das Hauptaugenmerk der Bürgerinitiative richtet sich auf eine
verwaltete Welt, in der eine langsame Bürokratie einer sich immer
schneller verändernden Umwelt gegenübersteht. Die Politik, so hat
es den Anschein, sitzt beim Thema Ökologie nach wie vor eher auf
den Zuschauerrängen.

Manche ökologischen Gruppierungen und ökologisch orientierten
Parteien haben auf der Kommunal- und Kreisebene schon etliches
versucht und einiges erreicht. Doch manchmal blieb es bei
Beschlüssen, deren Umsetzung nicht konsequent weiterverfolgt
wurde. Es kostet viel Energie, immer am Ball zu bleiben!

Im Entstehungsprozess der Bürgerinitiative zeigte sich eine
Verunsicherung bei den Behörden. Wie mit denen umgehen? Zu
bestimmten Gesprächsrunden zulassen, Einblick in Unterlagen
gewähren, Einladungen zu Treffen der Gruppe annehmen?

Wir wollen nicht weiter geduldig abwarten, sondern einfordern!
Schließlich wird alles mit unseren Steuergeldern finanziert. Also
selbst am Wissenszuwachs arbeiten: Informationen einholen,
Internetrecherche, Kontakte knüpfen, viele Gespräche mit anderen,
sich vernetzten. Und beständige Informationen an die Mitstreiter:
was tun wir gerade, wozu brauchen wir Hilfe, wer hat Kenntnisse,
Erfahrungen oder Ideen zu einem bestimmten Themenbereich. Wir
haben Experten, die sich uneigennützig engagieren, weil sie etwas für
den See tun wollen. In unserem Brainpool finden sich die
unterschiedlichsten Berufe: Ingenieure, Chemiker, Geologen,

Umwelttechniker, Wasserspezialisten, Landschaftsgärtner und viele Anwohner, die intensiv mit beraten, Anregungen und Erfahrungen einbringen, Kontakte knüpfen …

Wissenszuwachs ist am Anfang entscheidend. Denn das anfängliche Hauptargument der Gegner ist *„fehlende Informationen".* Aber zu tiefes Eintauchen in die Materie verengt den Horizont.
Es gilt das Unwissen und die Neugier als Ressource zu nutzen und unbefangene, manchmal auch „dumme" oder provokante Fragen zu stellen.

Wir laden ein zu einem Rendezvous mit der Realität.
Von einem Landwirt kam eine der größten Anerkennungen: „Sie sind uns immer einen Schritt voraus!"

*Hätte ein Bürokrat die Welt erschaffen, wir wären
noch bei der Sintflut.*
(Jerzy Jurandot)

Es geht alles den Bach runter

Die Richtlinien für die Straßenentwässerung (Anweisung Straßen-
informationsbank -ASB- der Bundesanstalt für Straßenwesen) sieht
offenbar für Kreis- und Gemeindestraßen keine zwingende Klärung
des Oberflächenwassers vor. Außerdem ist die Entwässerung auf
kleine Regenereignisse und kleine Flächen angelegt. Starkregen und
Gullys unterhalb oder sogar innerhalb großer landwirtschaftlicher
Flächen sind nicht oder selten im Blickfeld. Hinzu kommt, dass in
Bäche oder Gräben mündende Rohre manchmal nicht zugeordnet
werden können.

Eine umfassende Dokumentation über die Art und Lage der
Straßenentwässerung ist für jeden Straßenbaulastträger unabdingbar,
damit dieser seine Betreiberpflichten erfüllen kann. Die „Richtlinien
für die Anlage von Straßen - Teil: Entwässerung" (RAS-Ew)
enthalten planerische Grundsätze und allgemein gültige Lösungs-
vorschläge für die Entwässerung von Straßen.

Im Verwaltungsdschungel kann man leicht die Orientierung
verlieren. Schwierigkeiten ergeben sich z.B. darüber, dass für die
Straßen rund um den Simssee verschiedene Ämter zuständig sind,
denn es gibt Gemeinde-, Kreis- und Staatsstraßen.

Und es scheint so, als brauche es stets wissenschaftliche
Untersuchungen, die etwas belegen. Der gesunde Menschenverstand
erscheint oft nicht ausreichend. Doch manchmal wird man sogar auf
amtlichen Internetseiten fündig, z.B. zum Thema Reifen- bzw.
Bremsabrieb:

Obwohl – oder gerade weil – wissenschaftliche Erkenntnisse über die ökologischen Auswirkungen von (Mikro)Plastik noch weitgehend fehlen, sollten im Sinne des Vorsorgeprinzips frühzeitig Maßnahmen zur Reduktion weiterer Einträge eingeleitet werden, um eine fortschreitende Akkumulation dieser hochpersistenten Materialien zu vermeiden.
Diese können überall dort ansetzen, wo die Entstehung von Mikroplastik und dessen Eintragspfade in die Umwelt hinreichend bekannt sind.

<Bayerisches Landesamt für Umwelt: https://www.lfu.bayern.de>

Der Abrieb von Reifen führt zu Sedimenten, die Cadmium, Blei, Zink, Weichmacher etc. enthalten. Am Mikroplastik-Aufkommen hat der Reifenabrieb mittlerweile weltweit den größten Anteil! Hinzu kommt Asbest von Bremsbelägen, Öle und Straßenabrieb.
Neueste Forschungsergebnisse beweisen *im Abrieb von Autoreifen eine toxische Substanz, die weltweit für massives Fischsterben verantwortlich sein könnte. Der Reifenzusatzstoff und seine chemischen Abkömmlinge könnten eine Erklärung dafür sein, dass sich viele heimische Fischarten nicht mehr ausreichend fortpflanzten.*
<https://www.sueddeutsche.de/wissen/umwelt-gift-fische-fischsterben-lachs-reifen-1.5139040>

Im Lebenszyklus eines Reifens von ca. 40.000 km gehen etwa 1 – 1,5 kg an Material verloren. Anhand der im Internet verfügbaren Daten zum Verkehrsaufkommen fast aller Straßen in Deutschland kann jeder selbst ausrechnen, wie viel Kilogramm in seiner unmittelbaren Umgebung an die Umwelt abgegeben werden.

Das hilft zu verstehen, warum Experten mittlerweile die Mikroplastikverunreinigung mit jährlich 330.000 Tonnen alleine in Deutschland (!!) als größtes Umweltproblem einschätzen. Unser jährlicher „Verzehr", also das, was wir in den Körper aufnehmen, liegt bei 40 – 50.000 Mikroplastikteilchen, was sich zu 5 g/Woche summiert, dem Gewicht einer Kreditkarte.

Bei den Gullys am Straßenrand, im Bankettbereich oder in den Wiesen beim Simssee kommt das Wasser von Straßen, Feldern und Wiesen zusammen. Eine Trennung von Straßenoberflächenwasser und nährstoffreichem Hangwasser ist unter den gegebenen Umständen kaum möglich.

Es gibt Regionen in Deutschland, in denen das gesamte Oberflächenwasser geklärt wird, z.B. am Chiemsee, Tegernsee und Bodensee – bei uns nicht! Dabei lassen sich Reifen-, Brems- und Straßenabrieb in Absetzbecken auffangen, was jeder an neu angelegten größeren Straßen und Autobahnen sehen kann.

Aktuell initiiert unsere Bürgerinitiative Untersuchungen, wie in den Gullys Phosphat über bestimmte Vliese oder andere Möglichkeiten zurückgehalten werden kann. Weitere Abhilfe können Pufferbereiche schaffen, z.B. Erhöhung der Gullys, Bedecken der Gullys mit einem halbdurchlässigen Vlies, Versickerungsgräben auf den landwirtschaftlichen Flächen etc., so dass die Nährstoffe dort verbleiben, wo sie von Nutzen sind.

Fachleute empfehlen zum Abbremsen und Auskämmen der nährstoffbefrachteten Abschwemmungen Querriegel im Bewuchs, insbesondere in Bereichen mit problematischer Bodenstruktur, Neigung und Länge. Das können Baumstreifen wie in der Baumfeldwirtschaft sein <www.baumfeldwirtschaft.de> oder auch nur extensive blühende Wiesenstreifen, die nur einmal im September gemäht werden. Die Breite sollte ca. 2-5 m betragen. Bäume brauchen eine Breite von sicherlich 10 m wegen des Wurzelwerks, und sie verschatten auch gewisse Bereiche der angrenzenden landwirtschaftlichen Nutzflächen.

Die Quereinteilung von hängigen landwirtschaftlichen Nutzflächen sollte bei allen künftigen Flurbereinigungs-verfahren berücksichtigt werden. Bei einer Längseinteilung den Hang runter ist eine

Querbewirtschaftung oftmals schwierig bis kontraproduktiv wegen der ständigen Wendemanöver mit den Maschinen am Grundstücksende.

Das Staatsministerium für Umwelt und Verbraucherschutz schlägt folgende Maßnahmen vor:

- Anlage von Gewässerrandstreifen als Puffer zwischen landwirtschaftlicher Nutzfläche und einem oberirdischen Gewässer
- Schaffung von Rückhalteflächen und erosionsmindernden Landschaftsstrukturen
- Anlage von landschaftsgebundenen Abflusshindernissen
- Anlage von Grünland in Abflussmulden, um das fließende Wasser zu „filtern"
- Aufbau von Rückhaltestrukturen in den oberen Hangbereichen
- Runde Tische und Gespräche, die auf Ebene der (Bezirke) Landkreise und auch auf Ebene einzelner Kommunen stattfinden.

<Broschüre: Gewässer in Bayern – auf dem Weg zum guten Zustand – Bewirtschaftungspläne und Maßnahmenprogramme für den Zeitraum 2016-2021>

Fragen:

> Vor 10 Jahren wurden ca. 350 Gullys kartiert; auch solche, in die von großen Flächen steiler Hänge bei stärkerem Regen Gülle abgeschwemmt wird, oder die inmitten landwirtschaftlicher Flächen liegen, viele Meter von Straßen entfernt.
> Warum wurde in diesem langen Zeitraum kein Gully verändert?

- Warum wird am Simssee, im Gegensatz zum Chiemsee, kein Ringkanal für das Oberflächenwasser gebaut?
- Haftet das jeweilige Straßenbauamt tatsächlich für Folgen von Verkehrsunfällen, weil bei stärkerem Regen Wasser auf der Straße steht und sich im Winter auch Eis bilden kann?
- Gilt das gleichermaßen für Landes-, Kreis- und auch Gemeindestraßen?
- Muss wirklich jede noch so kleine Straße entwässert werden, oder darf z.B. von den Anwohnern Eigenverantwortung im Straßenverkehr auf den Gemeindestraßen verlangt werden?
- Natürlich gibt es eine deutsche Mentalität, die sofort nach einem Schuldigen sucht, wenn etwas passiert ist. Aber ist das schon mal juristisch geklärt worden?
- Ist die Angst vor einem möglichen Schadensersatzprozess größer als die Verantwortung für die Umwelt?
- Gibt es eine Streupflicht für Auftausalz im Winter auch für kleine, kurze Nebenstraßen?
- Gibt es sie auch dann, wenn die Anwohner das gar nicht wollen?
- Wird mit den behördlichen Maßnahmen nicht Eigenverantwortlichkeit der Bürger abtrainiert und ausgehebelt?
- Ist der mündige Bürger in den Ämtern verloren gegangen, oder wird der Bürger vielleicht gar nicht mehr als mündig angesehen?
- Verdient der Bürger nur noch betreutes Denken?

Die Gewissheit, dass jede Kultur einmal untergeht,
erleichtert das Subventionieren kolossal.
(Werner Schneyder)

Die Landwirtschaftspolitik

In unserer Region wird das Einkommen der Landwirte über die
Produktion von Milch, Fleisch, Holz und über Vermietung erzielt. In
Bayern liegt der durchschnittliche Erlös eines Landwirts für einen
Liter Milch bei 33 Cent; und 47 Cent/Liter gibt es für Biomilch. Der
Vater unseres Nachbarbauern bekam noch 80 Pfennige.

Ausgleichszahlungen/Subventionen erhalten die Landwirte, damit sie
auf dem Weltmarkt gegenüber den Billiglohnländern konkurrieren
können. Landwirte leben im Allgemeinen zu etwa 20-50% von
Subventionen, die betriebsindividuell berechnet werden. Und
Subventionen bedeuten Büroarbeit.
Laut Deutschem Bauernverband (DBV) geraten viele Landwirte an ihre
Grenzen, wenn es darum geht, ihren Hof in die Zukunft zu führen. Meist sind
es jene Maßnahmen, die der Gesetzgeber selbst fordert, welche die größten Sorgen
bereiten und Zeit verschlingen. Und das, obwohl Landwirte im Schnitt bereits 32
Stunden pro Monat am Schreibtisch verbringen, um all die Auflagen,
Nachweispflichten und Kontrollen in ihren Betrieben zu bewältigen. Tendenz:
steigend."

< https://www.ovb-online.de/rosenheim/chiemgau/so-kaempft-
eine-bernauer-landwirtin-mit-der-buerokratie-und-absurd-
anmutenden-auflagen-90043472.html>

Die Basisprämie dient der Einkommenssicherung und Risikoabsicherung der
landwirtschaftlichen Betriebe sowie auch als finanzieller Ausgleich für die weit
höheren Umweltschutz-, Tierschutz- und Verbraucherschutzstandards in der
EU im Vergleich zu den Produktionsauflagen von Mitbewerbern auf dem
Weltmarkt. Sie ist wie alle anderen Direktzahlungen unmittelbar an die
Einhaltung zahlreicher weiterer Auflagen gebunden (sog. "Cross-Compliance-

Instrument"). Neben 13 schon bestehenden EU-Verordnungen und Richtlinien des Natur-, Umwelt-, Tier- und Verbraucherschutzes, deren Einhaltung laufend und streng überprüft wird, sind Vorgaben zur Erosionsvermeidung als zusätzlich zu erbringende Leistungen ebenso vorgeschrieben worden wie Maßnahmen zur Erhaltung der Bodenfruchtbarkeit und zum Gewässerschutz. Ebenso ist die Beseitigung von Landschaftselementen wie Hecken, Baumreihen und Feldgehölzen verboten.
<https://www.agrar-fischerei-zahlungen.de>

Zur Einkommenssituation der Landwirte allgemein: https://www.praxis-agrar.de/betrieb/betriebsfuehrung/was-verdienen-landwirte-in-deutschland

Für jeden Landwirt sind die unterschiedlich gewährten Subventionen im Internet einsehbar: https://www.agrar-fischerei-zahlungen.de.

Fast 40 Prozent des EU-Haushaltes fließt derzeit in die Landwirtschaft, der Großteil davon in Form von Direktzahlungen an Bauern. Das heißt: Je mehr Fläche, desto mehr Geld für einen Betrieb, unabhängig davon, wie intensiv die Bewirtschaftung ist….
Insgesamt soll die Landwirtschaft in Europa grüner und nachhaltiger werden. Im Vordergrund der Agrarreform stehen Umwelt- und Klimaschutz. So fordert die Kommission, Agrarzahlungen daran anknüpfen, was Bauern für die Natur, den Erhalt von Landschaften und Biodiversität leisten.
<https://www.tagesschau.de/wirtschaft/eu-agrarreform-101.html>

Doch nicht alle Landwirte bekommen Subventionen. Manche wollen gar keine, denn dann müssten sie sich an bestimmte Vorgaben halten, z.B. die Verpflichtung, nicht mehr als 2 GV (Großvieh-einheiten = Milchkühe) je Hektar zu halten.

Aber es gibt Landwirte, die haben bis zu 4 GV, also viele Kühe und wenig Fläche; die machen ohne Subventionen besonders viel Geld.

20% der Landwirte bekommen 80% der Gelder! Und im Gegensatz zu den gängigen Absichtserklärungen wurden die Subventionen für Biolandwirtschaft reduziert!

Es gibt bereits verschiedene und umfangreiche Zuschüsse für Landwirte, wenn sie ökologische Flächen zur Verfügung stellen und aufwendiger bewirtschaften oder pflegen. Das Amt für Landwirtschaft ist bereits jetzt eine staatliche Organisation, die kostenlos unterstützt und berät. Die meisten Landwirte mögen keine Büroarbeiten und Antragsformulare. Hier sollte es speziell einen zuständigen Fachmann geben, der den Landwirten diese Arbeit bei ökologischen Zuschussverfahren weitestgehend abnimmt. Diesen Sachbearbeiter (bzw. diese Kosten) können wir uns als umweltbewusste (?!) Gesellschaft wohl leisten?

Der gerade zur Abstimmung vorliegenden „Agrarreform" der EU, die für weitere 7 Jahre gelten soll, fehlt jede Ambition für eine nachhaltige Änderung. Nur 20-30 % der Direktzahlungen werden an Umweltauflagen gebunden.

So gelingt keine Abkehr von Billigfleisch und damit weniger und besser gehaltenen Tieren. Und über den geplanten EU-Mercosur-Vertrag werden in Südamerika Kleinbauern vertrieben und Wälder brennen. Systemwechsel oder Greenwashing?

Die derzeitige Landwirtschaftspolitik ist das Problem - nicht die Lösung!

Die Landwirte

Man muss mit den Landwirten reden können, sagt der Landrat.
Das ist gerade jetzt schwierig, denn die Landwirte sind wegen der
(vermeintlichen) Schuldzuschreibungen in Zusammenhang mit dem
Volksbegehren Artenvielfalt – „Rettet die Bienen" noch angefressen.
Und die Erfahrungen der Beratungsfirma zeigen auf, dass auch nach
17 Jahren noch viel Skepsis da ist, dass es intensive Kontakte
braucht, für Bewusstseinsbildung und Ausbildung einer
Vertrauensbasis.

Alle Landwirte sind unterschiedlich!
Es gibt Landwirte, die beratungsresistent sind, kaum Verantwortung
gegenüber den zukünftigen Generationen zeigen, nur die
Gewinnmaximierung im Blick haben, denen all das
Umweltgeschwafel scheißegal ist; im wahrsten Sinne des Wortes.

Andere Landwirte denken um, orientieren sich an Nachhaltigkeit,
ökologischen Prinzipien und Tierwohl. Sie wollen ein gutes
Gewissen gegenüber Natur und Nachkommen haben, halten den
gesetzlich vorgeschriebenen Abstand zu den Gullys und Bächen ein,
säen Weidelgras im Maisacker, pflügen quer zum Hang, bringen
verdünnte Gülle aus, beachten die Sperrfristen, verfüttern nur
heimisches Futter, wollen auf Biolandwirtschaft umstellen …

Von einem leitenden Mitarbeiter einer Landwirtschaftsbehörde,
selbst Landwirt, erfahren wir zweierlei:
-      dass Bauern gelegentlich die Umweltsünden ihrer Kollegen
       dort melden – wovon natürlich nichts an die Öffentlichkeit
       dringt;

-     dass *auch viele junge, sehr gut ausgebildete Leute, kein Einsehen haben.*

Wird in den BayWa-lastigen (?) Landwirtschaftsschulen noch zu wenig Wert auf Umweltdenken gelegt?

Über den Abwasserzweckverband Simssee gibt es das Projekt Simsseeschutz. Die Fa. Ecozept aus Freising bietet seit 2003 für alle 200 Landwirte im Einzugsbereich des Simssees Hofbegehungen an, berät Landwirte und fördert Umstellungen mit Subventionen aus einem 30.000 €-Topf des Simsseeschutz-Projekts. Das Projekt zeigt sehr nachhaltige und sogar kostenneutrale bzw. kostengünstigere und wissenschaftlich begründete Veränderungsmöglichkeiten auf. Trotzdem hat sich die Wasserqualität des Simssees in diesen 17 Jahren und nach einer halben Million Euro nicht signifikant gebessert. Weil die Teilnahme freiwillig ist?

Frau Wissinger beschrieb die Entwicklung der Flächennutzung bei den rund 3.000 ha landwirtschaftlicher Nutzfläche im Simssee-Einzugsgebiet seit 2009. Der Umfang der Ackerflächen ist seitdem von 470 ha auf 720 ha gestiegen, die Grünlandflächen haben dementsprechend um 250 ha abgenommen. Da die Erosion von Ackerflächen (mit Maisanbau) den Haupteintragspfad von Phosphor in den See darstellt, ist das eine für die Qualität des Sees eher gefährliche Entwicklung.
<https://www.azv-simssee.de/simsseeschutz/versammlung-lw/ vom 28.3.2018>

Wo kommen die Nährstoffe her, vor allem die Phosphate, die in den See eingeschwemmt werden, das Algenwachstum fördern und seit Jahrzehnten im Sediment gebunden sind?
Es gibt Punktquellen (z.B. Industrie und Kläranlagen) und diffuse Quellen (Gülle) des Nährstoffeintrags.

Da im Bereich des Simssees keine Industrieanlagen zu finden sind, und auch keine Kläranlagen, die nach dem Klärprozess in den See einleiten, muss von einem wesentlich höheren Prozentsatz als den angenommenen 50% ausgegangen werden. Eine Modellrechnung des Wasserwirtschaftsamts zeigt auf, dass der Phosphateintrag bei 1 Tonne/Jahr läge, wenn es auf der gesamten Fläche des Einzugsgebiets nur Wald gäbe. Real sind es aber ca. 3,5 Tonnen. Das bedeutet im Umkehrschluss, dass im Bereich der Landwirtschaft die größte Möglichkeit für eine Verbesserung der Wasserqualität des Simssees liegt!

Vom kleinen Wahnsinn:
Über Betriebsschließungen, Verkauf und Verpachtung von landwirtschaftlichen Flächen gibt es zunehmend häufiger Landwirte im Simsseebereich, die ihren Standort außerhalb haben. Damit werden sie nicht in die Beratungen des Simsseeschutzprojekts eingebunden.

Ein Landwirt gibt auf. Er verpachtet seinen Grund an den Meistbietenden. Das ist ein Großbauer mit Biogasanlage, dessen Hof 30 km entfernt liegt. Der baut hier jetzt Mais an, für die Biogasanlage. Denn mit Gülle alleine kann man keine Biogasanlage betreiben, es braucht Feststoffe.
Wenn man als Biogasanlagen-Betreiber landwirtschaftliche Flächen pachtet, dann kann man auch bei den Wiesen zwischen den einzelnen Mahden auch locker 2 x Gülle ausfahren, denn der Schnitt kommt sowieso wieder in die Biogasanlage und wird nicht verfüttert.

Fragen:

> ➢ Sind Biogasanlagen wirklich gut für Umweltschutz und Klima?
> ➢ Ist das noch Landwirtschaft in Verbindung mit Tierhaltung und Gülleanfall oder wird da gezockt?

Nicht die Rotalge, sondern die Wiese soll gedüngt werden!

Den Landwirten fließt bares Geld von Wiese und Acker!
Etwa 15 €/Hektar an Düngekraft gehen verloren, wenn frisch
aufgebrachte Gülle zum Teil über den Regen weggeschwemmt wird.
Und ein Teil der in den oberflächlichen ca. 15 cm des Erdreichs
gebundenen Phosphate verschwindet durch Erosion.

Aber es sollte auf jeden Fall deutlich weniger Gülle ausgebracht
werden. Dazu eine Stellungnahme von Prof. Auerswald von der TU
München:
*Maßnahmen, wie sie von boden:ständig geplant und umgesetzt werden, sind zur
Absicherung unumgänglich, auch wenn das erste Ziel sein muss, die Nährstoffe
auf den landwirtschaftlichen Flächen zu halten.*
<Grünlandtagung zu Besuch in der Ökomodellregion Waging am
See: Bericht von Monika Grassl, BBV-Landsiedlung, vom
09.09.2019 https://www.oekomodellregionen.bayern/kontakt>

Wie ältere Landwirte erzählen, landete früher auch schon mal eine
Fuhre Mist im Tinniger See – damit die Fische größer werden! Alte
Umweltsünden - aber hat sich wirklich viel verändert? Kann man
von einer Landwirtschaft in Einklang mit Natur und Tierschutz
sprechen?

Der am 19.10.2020 veröffentlichte Bericht zum "Zustand der Natur
in der EU" der Europäischen Umweltagentur bestätigt: die Natur
leidet, die Artenvielfalt schwindet.
*Der 'Bericht zum Zustand der Natur' in Europa ist die größte und
umfassendste Datensammlung, die jemals zum Zustand von Flora und Fauna in*

der EU zusammengetragen wurde", freut sich der Chef der Europäischen Umweltagentur, Hans Bruyninckx.

Doch die Hauptnachricht ist keine gute: "Während einige wenige Arten und Lebensräume sich auf dem gleichen Niveau wie bei der letzten Erhebung bewegen, befindet sich die Mehrheit der Tiere und Ökosysteme in einer schlechten oder sogar sehr schlechten Verfassung", so Bruyninckx. Denn die verschiedenen Faktoren, die Druck auf die Tier- und Pflanzenwelt ausübten, seien einfach zu viele und zu groß, stellt der Belgier fest.

Insgesamt befinden sich 81 Prozent dieser Lebensräume aus Sicht des Artenschutzes in einem unzureichenden oder schlechten Zustand. Vor allem die landwirtschaftlich genutzten Grünflächen, aber auch Seen und Moore sind betroffen. Und die Lage verschlechtert sich laut den Verfassern der Studie stetig weiter.

<https://www.tagesschau.de/ausland/eu-natur-umweltschutz-101.html>

Fragen:

> Warum sind die großenteils wissenschaftlich fundierten Vorschläge von Ecozept nach 17 Jahren und einer halben Million Euro für Beratungstätigkeit und Subventionen nicht mittlerweile bei allen Landwirten Standard, rund um den Simssee herum?

> Warum machen nicht alle Landwirte mit?

> Wie lassen sich Skeptiker, Zögernde und Kritiker mit ins Boot holen?

> Warum gibt es einen großen Bereich im Einzugsgebiet des Simssees, der nicht an das Simsseeschutzprogramm angegliedert ist, die Ratzinger Höhe?

Röntgenbilder schaffen keine Heilung!

Die Datenmenge, die kontinuierlich erhoben wird, ist schier unüberschaubar – vor allem dann, wenn man kein Experte ist. Wer kann schon seitenlange Auflistungen von Unterwasserpflanzen eines Sees richtig interpretieren? Falls man überhaupt an die Daten rankommt.

Die Zurückhaltung in Sachen Öffentlichkeit ist wenig verständlich, wenn Vertreter der Bürgerinitiative gerne als stille Zuhörer zu einem Fachgespräch kommen würden. Manchmal klappt es, oft nicht. Denn der kritische Zuhörer könnte sich fragen, was denn nun das Ergebnis der Diskussion ist und was für Konsequenzen aus den vorliegenden Daten gezogen werden – auf der Seite der Taten. Gut gesetzte Worte haben keine Konsequenzen. Unmittelbares und substanzielles Handeln sind entscheidend. Wird von der Politik nach Möglichkeiten der Veränderung gesucht oder nach Ausreden?

Die Hygienekontrolleure des Gesundheitsamts prüfen einmal monatlich an verschiedenen Stellen des Simssees das Wasser auf Keime. Die Ergebnisse sind im Internet einsehbar. Angesprochen auf das Thema Reifenabrieb und Mikroplastikverunreinigungen heißt es, dass die Vorgaben für die angeordneten Untersuchungen von Brüssel über Berlin und München zuletzt Rosenheim erreichen: *Wenn das nicht in deren Köpfen ist, dann ist es auch nicht in unseren Köpfen.*

Das Bewusstsein für ökologische Notwendigkeiten und die Veränderungsbereitschaft für das eigene Verhalten hat leider noch nicht sehr viele erreicht. Die seit Jahren geäußerten Bedenken des

Seebesitzerverbandes, dass der See umkippen könnte, finden in den Gemeinden des Einzugsgebiets kaum Gehör – oder eben nur Gehör.

Wieder einmal zeigt sich, dass die Bürger gedanklich wesentlich weiter sind als die Dienststellen mit Fachkompetenz und Entscheidungsbefugnis – auch wenn zugegebenermaßen zwischen Einsicht und verändertem Verhalten bei vielen Mitbürgern noch eine deutliche Lücke klafft.
Dennoch zeigt die Umfrage von Infratest-dimap vom November 2020 auf, dass nur ein Viertel der Menschen den Umgang mit der Umwelt positiv sieht, denn 52% sind weniger zufrieden, 23% sind gar nicht zufrieden.
<https://www.tagesschau.de/inland/ard-themenwoche-umfrage-101.html>

Nicht Erkenntnisproblem sondern Handlungsproblem

Mit der Umstellung der Landwirtschaft vom Misten auf Gülleausbringung wurde der Nährstoffeintrag intensiver, da die Gülle im Gegensatz zum Mist wesentlich leichter abgeschwemmt werden kann. Doch das Düngen mit Gülle ist nicht das Problem. Egal ob Prallteller, Schleppschlauch oder Schlitzscheibentechnik – es geht darum, dass weniger Gülle ausgebracht wird und vor allem darum, dass die Gülle auf den Feldern und Wiesen verbleibt.

Problematisch sind außerdem die Gärsafte/Silosickersäfte aus den Flachsilos. Sie sind hochgradig wassergefährdend und entstehen, wenn Niederschlagswasser in Flachsilos ohne Überdachung oder mit unzureichender Abdeckung während der Lager - und Entnahmeperiode durch die Silage dringt und sich mit organischen Stoffen anreichert. Es gibt spezielle Auffangbehälter, denn diese Gärsäfte dürfen nicht in Oberflächengewässer und Grundwasser gelangen.

Die Deutsche Landwirtschaft hat in den letzten Jahrzehnten stark expandiert – und unterliegt einem deutlichen Strukturwandel. Das hat Einfluss auf die Landwirte, die Fläche, den Ertrag und die Biodiversität. Wer diese Veränderungen interaktiv nachvollziehen möchte, findet interessante Graphiken im Internet, z.B. auf https://www.quarks.de/umwelt/landwirtschaft/so-hat-sich-die-deutsche-landwirtschaft-entwickelt.

Dirk Messner, der Chef des Umweltbundesamts: "Wir wissen eigentlich ziemlich genau, was mit der Erderwärmung auf uns zukommt. Aber wir sind nicht besonders stark, wenn es darum geht, präventiv zu handeln." Üblicherweise reagierten die Menschen erst, wenn ihnen die Krisen "auf die Füße" fielen, so Messner.

<https://www.tagesschau.de/inland/klimawandel-massnahmen-bundesregierung-101.html>

Starkniederschläge werden in ihrer Intensität und Häufigkeit zunehmen.

Die bereits zu beobachtenden Klimaveränderungen werden sich wahrscheinlich in Zukunft weiter verstärken. Es muss von einem weiteren Ansteigen der globalen Lufttemperatur ausgegangen werden. Dies hat zur Folge, dass die Atmosphäre mehr Wasserdampf aufnehmen und damit potenziell mehr Niederschlag fallen kann.

<https://www.kliwa.de/_download/KLIWA-_Starkregen.pdf>

Der generelle Zusammenhang von Starkregenereignissen und Nährstoffeinträgen in Gewässer ist durch die Forschung an den Landesanstalten für Landwirtschaft (LfL) in Bayern gut erforscht, schreibt uns das Amt für Ernährung, Landwirtschaft und Forsten Rosenheim

Dazu noch das Wasserwirtschaftsamt Traunstein über die Situation am Waginger See - Mail vom 21.10.2020:

Leider empfiehlt es sich bei der bisher üblichen und zulässigen Praxis der Gülleausbringung mit dem Breitverteiler den Zeitpunkt kurz vor einem Niederschlag abzuwarten, mit oft fatalen Folgen für den See. Hohe Niederschläge, wie sie im Voralpenland im Frühjahr und Sommer sehr häufig sind, fördern die Abschwemmung von Nährstoffen und den Eintrag in den See. Das wird seit vielen Jahren durch Messungen belegt und wurde im Rahmen von zwei INTERREG -Projekten veröffentlicht.

Wir leben in der regenreichsten Region Deutschlands. Damit und
mit drei aufeinanderfolgenden Trockensommern muss sich der
Landwirt als Unternehmer auseinandersetzen.
<https://www.lfu.bayern.de/wasser/hydrometerologische_param
eter/hydrometeorologie_auswertung/niederschlag/
doc/karte_niederschlag.pdf>

Auch hier gilt: survival of the fittest/das Überleben des
Anpassungsfähigsten. Damit ist jedoch nicht derjenige gemeint, der
am besten mit Subventionen jonglieren kann, sondern derjenige, der
seinen Betrieb den Klimaveränderungen in verantwortungsvoller
Weise anpasst. Hier besteht wahrscheinlich großer Beratungsbedarf.
Und damit stellt sich die Frage, ob die bisherigen Maßnahmen, die
z.B. von der Beratungsfirma Ecozept angeraten werden, nicht nur
hilfreich waren, sondern auch wirklich ausreichend.

Abgebremst und ausgekämmt werden kann die Abschwemmung
z.B. durch die immer wieder (Thema Artenvielfalt) geforderten
Uferrandstreifen von mindestens 5 m. Nicht nur bei Flüssen und
Bächen sondern auch bei den erwähnten Gräben am Ende von
Hangbereichen. Diese 5 m, bei Bächen und Flüssen besser noch 10
m, müssen einfach tabu sein für eine Bewirtschaftung. Maximal
zulässig ist eine einmalige Mahd. Zuschüsse vom Staat für den
Ernteausfall, Erschwernisse, etc. gibt es längst.

Im Forderungskatalog sollte durchaus auch eine Pflicht für
bestimmte Bewirtschaftungsformen in sensiblen Bereichen des
Simsseeumgriffs angedacht werden, wenn das jetzige Prinzip der
Freiwilligkeit nicht weiter greift.

Und dann gibt es noch die Möglichkeiten der Seentherapie, z.B. die
Phosphatausfällung oder die Sauerstoffanreicherung, wie z.B. am
Caldonazzosee oder am Hallwilersee.

<https://www.ag.ch/de/bvu/umwelt_natur_landschaft/umwelt_
1/oberflaechengewaesser/hallwilersee/sanierung_hallwilersee_1/s
anierung_hallwilersee.jsp >

Es gibt also vielerlei Lösungsmöglichkeiten - im See und um den See
herum. Aber von den Behörden haben wir bis jetzt keine konkreten
Lösungsansätze erfahren. Alle taktieren sehr vorsichtig herum,
müssen noch auf Untersuchungen etc. warten, wollen sich keine
Gegner machen, ...

Die Entdeckung der Langsamkeit

Das muss man können: gut gesetzte Worte, die viel Verbindliches haben und den Anschein einer positiven Perspektive erwecken können. Eine kleine Auswahl von Sätzen aus Gesprächen und Berichten politischer Gremien der letzten 3 Monate:

„Uns allen liegt der See, glaube ich, am Herzen."
„Man kann schauen, dass man was voranbringt."
„Der See ist nicht auf einem wünschenswerten Niveau."
„Es haben die zuständigen Landkreisbehörden und der Abwasserzweckverband (AZV) schon viel unternommen, auch schon einiges erreicht, es sind aber weiterhin Aktivitäten nötig."
„Dass Handlungsbedarf besteht, ist allen klar."
„Es kann nicht so bleiben, es muss etwas passieren."

Strategie 1 - Die Narkose der Öffentlichkeit:
Beruhigung durch Abwiegeln, Kleinreden, Verharmlosen und Vertrösten, Verständnis für die Anliegen; Beteuerung, dass man sich um Abhilfe kümmert; Aufrufe zu Mäßigung und Geduld …

Strategie 2 - Selbstberuhigung:
Einige wenige Musterbeispiele für Veränderung aufzeigen.
Wir tun doch alles Mögliche. Schaut doch, was wir schon alles gemacht haben.

Man kann nur hoffen, dass einige das sagen, was sie denken und anschließend tun, was sie sagen.

Was alles möglich ist, hat die Corona-Pandemie gezeigt. Plötzlich
bewegen sich die Behörden mit erstaunlicher Geschwindigkeit.
Warum nicht im Bereich Umweltschutz und Tierwohl?
Hier sitzen die Politiker nach wie vor auf den Zuschauerrängen, statt
Spielmacher zu sein.

Am Arendsee im schönen Wendland steht an zentraler Stelle eine
große Tafel, die allen Vorübergehenden erklärt, warum es Probleme
mit der Wasserqualität gibt und welche Maßnahmen in Zusammenarbeit mit dem Leibnitz-Institut für Gewässerökologie und
Binnenfischerei in Berlin ergriffen werden.

Am Simssee gibt es in der Aussichtsplattform bei Bergham eine
Tafel zum Simssee. Darin findet sich folgender Hinweis:
*Durch die vereinten Kräfte von Ämtern, dem Abwasserzweckverband, den
Landwirten und dem Angelsportverein Simssee wird versucht, die teilweise
schlechte Wasserqualität zu verbessern. Ziel ist es, den von den Europäischen
Wasserrahmenrichtlinien geforderten "guten ökologischen Zustand" zu erreichen.*

Es wird *versucht!*
Was wird versucht?
Seit wann wird versucht?
Ist der Versuch geglückt?
Haben sich die Maßnahmen als ausreichend erwiesen?

Eine Neuauflage der Broschüre zum Simssee würde wahrscheinlich
nur aufzeigen können, dass sich seit der Erstauflage des informativen
Heftchens vor ca. 20 Jahren nichts sonderlich geändert hat. Denn
schon damals wurden in einer Karte die langen Strecken der
Bachläufe veröffentlicht, die eine bedenkliche Wasserqualität haben.

Es ist die Aufgabe einer Bürgerinitiative, von den Entscheidungsträgern Taten statt Worte einzufordern. Dazu ergeben sich folgende

Fragen, die jedem Gemeinde- oder Kreisrat, jeder Behörde gestellt werden müssen:

- Woran können wir erkennen, dass Sie sich für den Simssee einsetzen?
- Welche Ihrer Aktivitäten hatten bislang welchen messbaren Erfolg?
- Was planen Sie für die nahe Zukunft an weiteren Verbesserungen für die Wasserqualität?
- Was sollte Ihrer Meinung nach von anderer Seite dringlich erfolgen?
- Was können Ihrer Meinung nach die Bürgerinnen und Bürger beitragen?

Das Problem mit der Freiwilligkeit

Bauern-Bashing ist nicht die Lösung, aber Freiwilligkeit wohl auch
nicht. Jedenfalls nicht, wenn es um den schonenden Umgang mit
den vorhandenen Ressourcen geht. Auch der Gesetzgeber sieht
Verbote vor, wenn dauerhaft Schäden entstehen. In unserem Fall für
ein beliebtes Naherholungsgebiet und die existenzielle Grundlage der
Berufsfischer.

Dazu nochmals ein Zitat von der Infotafel der Aussichtsplattform
bei Bergham am Simssee:
*Die Biodiversitäts-Projekte tragen langfristig zum Erhalt von hochwertigen
Lebensräumen und ihren Arten bei. Insbesondere zeichnen sie sich durch eine
enge Zusammenarbeit zwischen den Beteiligten (u.a. Landwirte, Behörden,
Kommunen, Verbände und Vereine) aus. Neben diesem kooperativen Ansatz
ist die Freiwilligkeit aller Maßnahmen oberstes Prinzip.*

Fragen:
> - Wie groß, anhaltend und offensichtlich müssen
>   Umweltsünden sein, damit der Gesetzgeber von sich aus
>   einschreitet?
> - Wieviel Veränderungsbereitschaft ist bei den verschiedenen
>   Verursachern vorhanden?
>
> - Oder anders ausgedrückt:
>   Wieviel Geduld soll der Simssee eigentlich noch
>   aufbringen?

Der rechtliche Rahmen

„Man kann schauen, ob man am legalen Istzustand etwas verändern kann",
sagt ein Lokalpolitiker.

Man *kann* schauen, aber man muss nicht?

Vielleicht kann man es ja aussitzen?

Dabei ist der gesetzliche Rahmen eindeutig:

Strafgesetzbuch
§ 324 Bußgeld- und Strafverfahren
Wasserrechtsbescheid
Gewässerverunreinigung
(1) Wer unbefugt ein Gewässer verunreinigt oder sonst dessen Eigenschaften nachteilig verändert, wird mit Freiheitsstrafe bis zu fünf Jahren oder mit Geldstrafe bestraft.
(2) Der Versuch ist strafbar.
(3) Handelt der Täter fahrlässig, so ist die Strafe Freiheitsstrafe bis zu drei Jahren oder Geldstrafe.

§ 324a
Bodenverunreinigung
(1) Wer unter Verletzung verwaltungsrechtlicher Pflichten Stoffe in den Boden einbringt, eindringen lässt oder freisetzt und diesen dadurch
1.   in einer Weise, die geeignet ist, die Gesundheit eines anderen, Tiere, Pflanzen oder andere Sachen von bedeutendem Wert oder ein Gewässer zu schädigen, oder
2.   in bedeutendem Umfang
verunreinigt oder sonst nachteilig verändert, wird mit Freiheitsstrafe bis zu fünf Jahren oder mit Geldstrafe bestraft.
(2) Der Versuch ist strafbar.

(3) Handelt der Täter fahrlässig, so ist die Strafe Freiheitsstrafe bis zu drei Jahren oder Geldstrafe.

§ 330

Besonders schwerer Fall einer Umweltstraftat

(1) 1In besonders schweren Fällen wird eine vorsätzliche Tat nach den §§ 324 bis 329 mit Freiheitsstrafe von sechs Monaten bis zu zehn Jahren bestraft. 2Ein besonders schwerer Fall liegt in der Regel vor, wenn der Täter

*1.		ein Gewässer, den Boden oder ein Schutzgebiet im Sinne des § 329 Abs. 3 derart beeinträchtigt, dass die Beeinträchtigung nicht, nur mit außerordentlichem Aufwand oder erst nach längerer Zeit beseitigt werden kann,*

*2.		die öffentliche Wasserversorgung gefährdet,*

*3.		einen Bestand von Tieren oder Pflanzen einer streng geschützten Art nachhaltig schädigt oder*

*4.		aus Gewinnsucht handelt.*

(2) Wer durch eine vorsätzliche Tat nach den §§ 324 bis 329

*1.		einen anderen Menschen in die Gefahr des Todes oder einer schweren Gesundheitsschädigung oder eine große Zahl von Menschen in die Gefahr einer Gesundheitsschädigung bringt oder*

*2.		den Tod eines anderen Menschen verursacht,*

wird in den Fällen der Nummer 1 mit Freiheitsstrafe von einem Jahr bis zu zehn Jahren, in den Fällen der Nummer 2 mit Freiheitsstrafe nicht unter drei Jahren bestraft, wenn die Tat nicht in § 330a Abs. 1 bis 3 mit Strafe bedroht ist.

(3) In minder schweren Fällen des Absatzes 2 Nr. 1 ist auf Freiheitsstrafe von sechs Monaten bis zu fünf Jahren, in minder schweren Fällen des Absatzes 2 Nr. 2 auf Freiheitsstrafe von einem Jahr bis zu zehn Jahren zu erkennen.

Verordnung des Landratsamts Rosenheim vom 29.9.2017 zum
Landschaftsschutzgebiet Simssee:

Zweck des Landschaftsschutzgebiets „Simssee" ist es,
1. die Leistungsfähigkeit des Naturhaushalts zu gewährleisten, insbesondere
verschiedenartige Moorstandorte,
Bachläufe sowie den See und seine Verlandungszonen mit ihrem Wasserhaushalt
und den Lebensbedingungen
der daran angepassten typischen Tier- und Pflanzenarten mit ihren
Lebensgemeinschaften zu erhalten, zu fördern und wiederherzustellen,
2. die Vielfalt, Eigenart und Schönheit des Landschaftsbildes zu bewahren,
insbesondere den Charakter einer Seenlandschaft zu stärken,
3. die Funktionsfähigkeit des Wasserhaushalts zu bewahren und zu optimieren,
den Wasserrückhalt in den Flächen
zu fördern und die Wasserqualität des Simssees zu verbessern …

Und zu guter Letzt noch das Bundesministerium der Justiz und für
Verbraucherschutz mit der Verordnung über die Anwendung von
Düngemitteln, Bodenhilfsstoffen, Kultursubstraten und
Pflanzenhilfsmitteln nach den Grundsätzen der guten fachlichen
Praxis beim Düngen (Düngeverordnung – DüV):

§ 3 Grundsätze für die Anwendung von Düngemitteln, Bodenhilfsstoffen,
Kultursubstraten und Pflanzenhilfsmitteln
Wenn schädliche Gewässerveränderungen in Folge des Aufbringens
phosphathaltiger Düngemittel nach Satz 1 festgestellt werden, hat die nach
Landesrecht zuständige Stelle im Einzelfall gegenüber dem Betriebsinhaber
anzuordnen, dass abweichend von Satz 1 nur geringere Phosphatmengen
aufgebracht werden dürfen, oder das Aufbringen phosphathaltiger Düngemittel
zu untersagen.
<https://www.umweltbundesamt.de/themen/boden-
landwirtschaft/umweltbelastungen-der-landwirtschaft/lachgas-
methan>

Fragen:

> ➢ Da es (wegen Betriebsaufgabe, Verkauf oder Verpachtung) immer häufiger Wechsel der Bewirtschafter über das Simssee-Einzugsgebiet hinaus gibt: Wann kommt die Verordnung für das gesamte Einzugsgebiet des Simssees, die festlegt, welche Bewirtschaftungsmaßnahmen der landwirtschaftlichen Flächen verpflichtend vorgeschrieben sind?
> ➢ Wie kann deren Einhaltung effektiv kontrolliert werden?

Charmante Penetranz

In der Zeit, als das Wünschen noch geholfen hat, … So beginnt das Märchen vom Froschkönig. Doch die märchenhaften Zeiten sind vorbei.
Auch das Hoffen bringt keine Änderung. Hoffnung darf keine Entschuldigung fürs Nichtstun sein. Oder, um es mit den Worten von Landesvater Markus Söder zu sagen: *Hoffnung ist gut, Handeln ist besser.* Denn Ignoranz ist keine Lösung.

Darum werden wir das Thema unablässig am Köcheln halten, auch wenn das einigen nicht passt. Das Thema soll so lange in den Köpfen der Entscheidungsträger simmern, bis alle sicher sein können, dass die aktuell bestmöglichen Maßnahmen eingeleitet werden – nicht versprochen, sondern umgesetzt!

Manchmal ist Geduld sinnvoll, aber die Erfahrung aus anderen Bereichen gilt auch hier: Hoffnung hält auf! Denn wer zu viel Hoffnung hat, wird nicht aktiv, sondern wartet ab. Geduld ist nur für den Zeitraum angesagt, in dem die Entscheidungsträger wirklich zügig an einer Veränderung arbeiten. Sobald das nachlässt, muss man sie wieder anstoßen.

Mit charmanter Penetranz wird die Aktionsgruppe weiterhin kontinuierlich auf die Missstände und Ungereimtheiten aufmerksam machen, die Entscheidungsträger an ihre Verantwortung für die jetzigen und besonders für die zukünftige Generationen erinnern - und Taten statt Worte einfordern.

Wir sind in der Bürgerinitiative nicht auf Konfrontation mit den Landwirten aus, auch wenn es für manche von ihnen den Anschein haben könnte. Eine Transformation der Landwirtschaft auf dem Boden einer Förderpolitik der EU, die konsequent ökologische Anreize setzt, erscheint unabdingbar.

Wir fordern eine Doppelstrategie:
Verringerung des Nähstoffeintrags und gleichzeitig Therapie des Sees.
Hier die unvollständige Liste möglicher Maßnahmen:

- strikte und bleibende Verringerung des Nährstoffeintrags
- Schließen der Gullys, die direkt an landwirtschaftlichen Flächen liegen oder am Ende abschüssiger Wiesen / und Veränderungen an vielen Gullys am Straßenrand bzw.
- Schaffung von Absetzbecken/Errichtung von Absetz-, Filter und Rückhaltebecken, damit der Phosphateintrag deutlich reduziert werden kann
- Stopp der Bodenerosion, z.B. über Baumfeldwirtschaft
- Seentherapie mit Sauerstoffanreicherung wie z.B. am Hallwilersee
- Einbindung der Ratzinger Höhe in ein umfassendes Simssee-Schutzprogramm
- Deutliche Erhöhung der finanziellen Mittel für das Simsseeschutzprogramm des AZV/Ecozept und Intensivierung der Beratung für alle Landwirte im Einzugsgebiet des Simssees
- Schaffung eines Simssee-Beauftragten, der die Situation von außen analysiert und mit entsprechenden Gremien Lösungsansätze und Maßnahmen (auch bezüglich der Landschaftsstruktur) erarbeitet, wie das "boden:ständig" macht; der Daten sammelt, Maßnahmen koordiniert, den Informationsfluss innerhalb der diversen Behörden und nach außen sicherstellt - denn manches scheitert an der Verantwortungsdiffusion zu vieler Dienststellen
- Maßnahmen an den verschiedenen Zuläufen entspr. der Maßnahmen am Pelhamer See

- Stärkere Kontrollen und Umsetzung des rechtlichen Rahmens im Sinne der Wasserrahmenrichtlinien und der Verordnung des LRA zum Landschaftsschutzgebiet Simssee
- Renaturierung der Bachläufe und Uferrandstreifen

Es darf durchaus noch mehr geschehen.
Egal, wenn man zu viel macht – fatal, wenn man zu wenig macht.

Selbst bei schneller Umsetzung all unserer Vorschläge wird ein überzeugender Effekt erst in vielen Jahren erkennbar sein.

Im Freistaat Bayern ist das „Recht auf Genuss der Naturschönheiten und auf Erholung in der freien Natur" durch Artikel 141, Absatz 3 der Bayerischen Verfassung, festgeschrieben. Es ist „zu einem jedermann zustehenden subjektiven Recht im Range eines Grundrechts" erhoben worden.
<https://www.gesetzebayern.de/Content/Document/BayVwV97 443/true?AspxAutoDetectCookieSupport=1>

Zukunft ist nicht die Fortsetzung von Vergangenheit.
Zukunft ist das, was wir daraus machen.

Hinweise

Aus Gründen der besseren Lesbarkeit wird meist die männliche
Form verwendet. Es sind stets Personen aller Geschlechter
gleichermaßen gemeint.

Fotos

Das Umschlagfoto wurde uns freundlicherweise von Frau Dr. Judith
Schäfer überlassen.
Alle Fotos gibt es in sehr guter Auflösung auf unserer Homepage.

Dank

Für Literaturhinweise, Anregungen, fachliche Unterstützung oder
kritische Durchsicht des Manuskripts danke ich allen
Mitstreiterinnen und Mitstreitern herzlich.

Autor

Dr. Gerhard Vilmar ist Facharzt für Psychotherapie. Als Dozent
lehrte er Psychosomatik/Psychotherapie/Psychoanalyse und
arbeitete als Supervisor für psychosoziale Institutionen sowie Coach
für internationale Firmen. Diverse Veröffentlichungen.

Ihre Unterstützung unserer Arbeit

bitte an VR-Bank Riedering   DE21 7116 0000 0007 6386 20
Der komplette Erlös aus dem Verkauf dieses Büchleins geht auf das
Konto der Aktionsgruppe sauberer Simssee und wird für Flyer,
Plakate und Aktionen verwendet.

Kontakt

Aktionsgruppe sauberer Simssee
www.sauberersimssee.de
info@sauberersimssee.de